Pascal Nsongui Peg

Prières pour ces Temps Tome 1

Pascal Nsongui Peg

Prières pour ces Temps Tome 1

Il est grand temps!

Éditions Croix du Salut

Impressum / Mentions légales

Bibliografische Information der Deutschen Nationalbibliothek: Die Deutsche Nationalbibliothek verzeichnet diese Publikation in der Deutschen Nationalbibliografie; detaillierte bibliografische Daten sind im Internet über http://dnb.d-nb.de abrufbar.
Alle in diesem Buch genannten Marken und Produktnamen unterliegen warenzeichen-, marken- oder patentrechtlichem Schutz bzw. sind Warenzeichen oder eingetragene Warenzeichen der jeweiligen Inhaber. Die Wiedergabe von Marken, Produktnamen, Gebrauchsnamen, Handelsnamen, Warenbezeichnungen u.s.w. in diesem Werk berechtigt auch ohne besondere Kennzeichnung nicht zu der Annahme, dass solche Namen im Sinne der Warenzeichen- und Markenschutzgesetzgebung als frei zu betrachten wären und daher von jedermann benutzt werden dürften.

Information bibliographique publiée par la Deutsche Nationalbibliothek: La Deutsche Nationalbibliothek inscrit cette publication à la Deutsche Nationalbibliografie; des données bibliographiques détaillées sont disponibles sur internet à l'adresse http://dnb.d-nb.de.
Toutes marques et noms de produits mentionnés dans ce livre demeurent sous la protection des marques, des marques déposées et des brevets, et sont des marques ou des marques déposées de leurs détenteurs respectifs. L'utilisation des marques, noms de produits, noms communs, noms commerciaux, descriptions de produits, etc, même sans qu'ils soient mentionnés de façon particulière dans ce livre ne signifie en aucune façon que ces noms peuvent être utilisés sans restriction à l'égard de la législation pour la protection des marques et des marques déposées et pourraient donc être utilisés par quiconque.

Coverbild / Photo de couverture: www.ingimage.com

Verlag / Editeur:
Éditions Croix du Salut
ist ein Imprint der / est une marque déposée de
OmniScriptum GmbH & Co. KG
Heinrich-Böcking-Str. 6-8, 66121 Saarbrücken, Deutschland / Allemagne
Email: info@editions-croix.com

Herstellung: siehe letzte Seite /
Impression: voir la dernière page
ISBN: 978-3-8416-9925-1

Copyright / Droit d'auteur © 2015 OmniScriptum GmbH & Co. KG
Alle Rechte vorbehalten. / Tous droits réservés. Saarbrücken 2015

PRIERES POUR CES TEMPS

(Tome 1)

Prières pour ces temps (Tome 1)

Par Pascal N. PEG

Prières pour ces temps

© 2015 par Pascal N .PEG

Tous droits réservés.

Publié par : Editions Croix Du Salut

Prières pour ces temps (Tome 1)

Tous les passages cités sont tirés de la Bible de Jérusalem et de la Bible de Louis Segond.

« Tu le prieras, et il t'exaucera, et tu accompliras tes vœux. » Job22 :27

DEDICACE

Je dédie ce livre à mon Seigneur et Sauveur Jésus-Christ, qui par son Esprit Saint, m'a inspiré et révélé son écriture. A la très Sainte Vierge Marie, mère de mon Seigneur et ma mère qui me soutient dans toutes mes initiatives et mes projets, et au peuple de Dieu qui trouvera aide, réconfort et soulagement via les enseignements et les prières qui sont dans ce livre.

INTRODUCTION

Hier comme aujourd'hui et tel que présenté dans les récits bibliques, les hommes se sont détournés de Dieu pour se donner aux pratiques perverses, immorales et à toutes sortes de plaisirs, mettant le Créateur très en colère. Le spectacle macabre que nous offre le monde de nos jours, n'est pourtant pas nouveau, les mêmes causes produisant les mêmes effets. Il semble malheureusement que l'Homme d'aujourd'hui a oublié son passé, mais sait 'il au moins là où il va ? Tout est fait pour détourner l'humanité de son créateur et tel un troupeau sans berger, l'humanité avance inexorablement dans le piège que lui tend le malin, parce que la créature a renié le Créateur et que la mauvaise pratique est devenue la chose la mieux partagée. On ne copie que ce qui est mauvais et on prend plaisir dans la culture et la pratique du mauvais. Le salaire du péché c'est la mort (Rom6 :23). Cependant le Créateur ne désire pas que le pécheur meurt, mais qu'il se convertisse et qu'il vive (Ez18 :31 ; Ez33 :11). Pour vivre, il faut chercher la Vérité, car c'est elle qui vous affranchira. Le problème est que chacun a sa vérité, et que la somme de toutes ces vérités est source de tensions et de divisions. Pour trouver la Vérité, il faut d'abord trouver l'Amour et il vous mènera à la Vérité qui libère et qui donne la Vie et la Paix véritable. La vérité est que Dieu a tant aimé le monde qu'il a envoyé son Fils unique Jésus-Christ le sauver (Jn3 :16) et la grâce et la vérité sont venues par lui (Jn1:17). Revenons à Dieu et évitons sa colère. Pour cela, il faut se détourner des plaisirs et des attractions de ce monde en pleine perdition et redonnons à Dieu la première place dans nos vies, en respectant ses commandements et en nous aimant les uns les autres comme il nous a aimés. Nombreux sont ceux dont la Foi s'est soit refroidie, éteinte. Force est de constater que beaucoup de ceux qui sont restés fidèles à Dieu ne savent pas prier, certains disent que depuis qu'ils prient rien n'a changé dans leurs vies, d'autres disent que Dieu est lent à agir.

Ce livre « Prières pour ces temps » est pour ceux-là et pour tous ceux qui, inspirés ou non, veulent connaître l'efficacité de la prière, revêtir les armes redoutables pour faire face aux tentations et aux adversités du mauvais et de ses suppôts. Le prophète Elie était seul face aux quatre cent cinquante prophètes de Baal (1Roi18 :22) et il eut le dessus parce qu'il était resté ferme et fidèle au seul et véritable Dieu (1Roi18 :36-39). Revenez donc à Dieu dans la prière, la pratique de l'amour et de la vérité. Priez fort et sans cesse, et celui qui Est demeurera à vos côtés. L'heure de la victoire a sonné pour vous, car Dieu est désormais avec nous et s'Il est avec nous, qui peut être contre nous?

DECALOGUE DU PELERIN
(Notre charisme en dix points)

Tu adoreras Dieu en vérité et en esprit ;

Tu n'auras point d'autres dieux devant sa face ;

Tu aimeras ton prochain comme Jésus t'a aimé ;

Tu Le serviras à la sueur de ton front et à la force de ton bras ;

Tu le regarderas avec les yeux du cœur ;

Tu feras du pauvre ton seigneur et ton maître ;

Tu le serviras corporellement et spirituellement ;

Tu confieras ton service au Saint-Esprit ;

Tu iras à Jésus avec Marie immaculée ;

Tu feras du magnificat ton Hymne.

Chapitre I : LA PRIERE

I.1 LA PRIERE

C'est une communication à double sens entre un émetteur (l'Homme) et un récepteur (Dieu). C'est une supplication adressée à une divinité, à une instance, mais c'est aussi une puissance, une obligation (Luc18:1), la voie de la solution.

I.2 POURQUOI FAUT-IL PRIER ?

La prière nous permet de rester en communication avec Dieu, comme les branches sont attachées à l'arbre. Si vous arrêtez de prier vous devenez semblables aux branches d'un arbre qui sèchent parce qu'elles ne tirent plus de l'arbre leur substance vitale. Il faut aussi prier parce que c'est un commandement (1Thes5:17), parce que la prière nous remplit de puissance (Daniel2:14-19), nous apporte des révélations (Jeremie33:3) et aussi des interventions divines (Actes12:5-7 ; Ps50:15). La pratique de la prière vous apportera les douze fruits du Saint-Esprit qui sont : Charité, paix, joie, patience, bienveillance, bonté, douceur, indulgence, foi, modestie, continence et chasteté.

I.3 QU'EST-CE QUI PEUT TUER LA PRIERE ?

a) Les péchés non confessés (Ps66:18 ; Jer31:34)
b) Le manque de foi (Jac1:5-8 ; Mc6:1)
c) La désobéissance (Jn3:21-23)
d) Le manque de pardon (Mt6 :14-15)
e) La fierté et l'égoïsme (1Sam4:3-6)
f) La volonté insoumise (Jos15:7)
g) Les idoles dans ton cœur (Ez14 :3)
h) Les péchés mortels ou les sept péchés capitaux qui sont :

- L'orgueil qui est une appréciation non restreinte de notre propre mérite.
- L'avidité, désir immodéré des biens terrestres.
- La luxure ou volupté, désir immodéré des plaisirs impurs.
- La colère, désir excessif de vengeance ou de faire mal.
- Gourmandise, utilisation non restreinte d'alimentation et de boisson.

- L'envie, désir des biens d'autrui et de ce qui n'est pas à votre portée.
- La paresse, relâchement dans la foi et dans la pratique de vertu.

I.4   TYPES DE PRIERES
1) **L'action de grâce** (1Thes5 :18) qui consiste à :
- Remercier Dieu pour le nouveau jour qu'il vous donne de voir car beaucoup, ne se sont pas réveillés.
- Remercier Dieu du faite que vous êtes debout, beaucoup sont soit morts, soit alités.
- Remercier Dieu, pour tout le bien et les avantages dont vous jouissez.
- Remercier Dieu, pour sa providence divine et sa protection dans votre vie.
- Remercier Dieu, pour votre salut, etc…

Cette prière est d'une importance capitale, car Dieu aime être apprécié pour son attention dans vos vies. Cela l'encourage à faire davantage. C'est comme un père à qui un fils dit merci pour les cadeaux et l'attention qu'il lui accorde, et cela remplit le cœur du père de joie. Et quand Dieu est content ! Imaginez la suite.

2) La supplication (Phil4 :6)

Il s'agit de présenter à Dieu, ses désirs, ses soucis, ses besoins, ses envies de prospérer sur les plans financier, professionnel, sentimental, intellectuel,… demander ses faveurs, la santé etc.

3) La demande de pardon

Il s'agit ici de présenter à Dieu, ses péchés, de les regretter, de demander pardon ainsi que sa grâce pour résister au péché.

4) L'adoration

« Digne est l'Agneau immolé de recevoir honneur, gloire et louange » (Ap5 :12). Adorer Dieu c'est lui redire toutes ses merveilles, c'est louer la grandeur de ses œuvres, acclamer le travail de ses mains, contempler sa puissance etc, mais aussi lui dire tout le bien et les merveilles qu'il a accomplit dans votre vie ; le vénérer et l'adorer pour tout.

NB : Cette forme de prière s'accompagne toujours d'un signe d'humilité, par exemple se mettre à genoux ou se coucher face contre sol.

5) L'intercession

C'est une prière en faveur de quelqu'un, c'est aussi une procédure judiciaire spirituelle entamez contre ou pour un individu. Ce type de prière est efficace lorsque vous citez la parole de Dieu, car vous cherchez ainsi à tenir Dieu par sa parole et sa parole est vie, elle est vérité et il est dans sa parole.

6) La prière prophétique

Vous avez reçu la puissance et l'autorité de parler aux situations, afin de les faire fléchir devant vous (Job22 :28). Dans ce type de prière, vous parlez à une situation comme si vous vous adressez à une personne et avec autorité. La nature à des oreilles, et elle obéira à vos ordres. Cette forme de prière est basée sur la foi et sur vos charismes.

7) Le combat spirituel

Dans cette forme de prière, vous commencez d'abord par identifier le problème. Sachez que le combat spirituel n'est pas orienté contre les adversaires de sang et de chair, mais contre les Principautés, contre les Puissances, contre les

Régisseurs de ce monde de ténèbres, contre les esprits du mal qui habitent les espaces célestes. (Eph6 :12)

8) **L'invocation**

La prière par invocation est une prière terriblement puissante. Invoquer c'est appeler Dieu ou une puissance surnaturelle à l'aide des prières. Elle peut se faire par des litanies ou par inspiration divine.

9) **La louange**

Comme on a l'habitude de le dire, louer Dieu c'est prier deux fois. Cette forme de prière est puissante et terrifiante pour le monde des ténèbres. Oui la louange attire l'attention de Dieu et perturbe l'activité des démons. En plus Dieu est dans sa louange et il accorde beaucoup de grâces et de délivrances quand il est loué.

Chapitre II : LE JEÛNE

II.1 LE JEÛNE

Faire le jeûne signifie étymologiquement s'abstenir. Cependant, le jeûne chrétien consiste à s'abstenir de la nourriture, des boissons, et des choses qui vous donnent du plaisir. Ceci pendant un temps précis afin de focaliser toute votre attention sur Dieu. Il est souvent impératif d'associer le jeûne à la prière parce que le jeûne est comme un catalyseur, il provoque l'accélération dans vos demandes en vous rapprochant de l'Esprit et de la volonté de Dieu.

II.2 LES AVANTAGES DU JEÛNE

Les avantages sont multiples :

Isaie58 : 6-9
- ➢ Défaire les chaînes injustes,
- ➢ Délier les liens du joug,
- ➢ Renvoyer libre les opprimés,

- Briser tous les jougs,
- Donner du pain aux affamés,
- Habiller ceux qui sont nus,
- Aider les membres de la famille,
- Augmenter la lumière de Dieu en soi,
- Guérir rapidement les blessures,
- Obtenir la réponse de Dieu.

Psaume 35 :13
- Suscite de l'espoir

Marc 9 : 28-29
- Brise et expulse les forces du mal dont les prières ordinaires ne sont pas venues à bout.

Luc 11 :4-11
- Améliore la vie de prière d'une façon extraordinaire

Il élève l'esprit, tue les désirs de la chair, rend plus réceptif et sensible à la voix de Dieu et aux choses spirituelles.

Chapitre III : MEDITER ET GARDER LA PAROLE DE DIEU

La parole de Dieu à une puissance, il faut la lire et la garder. Quand vous priez, déclarez la parole de Dieu et vous verrez des signes et des miracles que vous accomplirez.

III.1 QUELQUES TEXTES BIBLIQUES A MEDITER PAR RAPPORT A LA PAROLE DE DIEU

Hébreux 4 :12 *« Car la parole de Dieu est vivante et efficace, plus tranchante qu'une épée quelconque à deux tranchants, pénétrante jusqu'à partager âme et esprit, jointures et moelles ; Elle juge les sentiments et les pensées du cœur. »*

Jéremie23 :29 *« Ma parole n'est-elle pas comme un*

feu, dit l'Eternel ; Et comme un marteau qui brise le roc ? »

Jacques1 :21 *« C'est pourquoi, rejetant toute souillure et tout excès de malice, recevez avec douceur la parole qui a été plantée en vous, et qui peut sauver vos âmes. »*

Isaie55 : 10-11 *« Comme la pluie et la neige descendent des cieux ; Et n'y retournent pas sans avoir arrosé, fécondé la terre, et fait germer les plantes, sans avoir donné de la semence au semeur et du pain à celui qui mange,*

11. Ainsi en est-il de ma parole, qui sort de ma bouche ; Elle ne retourne point à moi sans effet, sans avoir exécuté ma volonté et accompli mes desseins. »

La parole de Dieu guérit et elle est vie.

Psaume107 : 20 *« Il envoya sa parole et les guérit, il les fit échapper de la fosse. »*

Proverbe4 : 20-22 *« Mon fils, sois attentif à mes paroles, prête l'oreille à mes discours. Qu'ils ne* s'éloignent pas de tes yeux ; Garde-les dans le fond de ton cœur, car c'est la vie pour ceux qui les trouvent, c'est la santé pour tout leur corps. »

Psaume119 :93 « *Je n'oublierai jamais tes ordonnances, car c'est par elles que tu me rends la vie.* »

Romains10 :17 « *Ainsi la foi vient de ce qu'on entend, et ce qu'on entend vient de la parole de Christ.* »

Evangile selon saint Jean

1. Au commencement était la Parole, et la Parole était avec Dieu, et la Parole était Dieu.
2. Elle était au commencement avec Dieu.
3. Toutes choses ont été faites par elle, et rien de ce qui a été fait n'a été fait sans elle.
4. En elle était la vie, et la vie était la lumière des hommes………………

12 - Mais à tous ceux qui l'ont reçue, à ceux qui croient en son nom, elle a donné le pouvoir de devenir enfants de Dieu, lesquels sont nés,

13 -non du sang, ni de la volonté de la chair, ni de la volonté de l'homme, mais de Dieu.

14 -Et la parole a été faite chair, et elle a habité parmi nous, pleine de grâce et de vérité; et nous avons contemplé sa gloire, une gloire comme la gloire du Fils unique venu du Père.

III.2 QUELQUES TEXTES BIBLIQUES A MEDITER PAR RAPPORT A VOS PROBLEMES

« Comme le corps sans âme est mort, de même la foi sans les œuvres est morte». Jacques 2 :26

A. Pour les malades.

JACQUES 5 : 13,20

13 -Quelqu'un parmi vous est-il dans la souffrance? Qu'il prie. Quelqu'un est-il dans la joie? Qu'il chante des cantiques.

14 -Quelqu'un parmi vous est-il malade? Qu'il appelle les anciens de l'Église, et que les anciens prient pour lui, en l'oignant d'huile au nom du Seigneur;

15 -la prière de la foi sauvera le malade, et le Seigneur le relèvera; et s'il a commis des péchés, il lui sera pardonné.

16 -Confessez donc vos péchés les uns aux autres, et priez les uns pour les autres, afin que vous soyez guéris. La prière fervente du juste a une grande efficacité.

17 -Élie était un homme de la même nature que nous: il pria avec instance pour qu'il ne plût point, et il ne tomba point de pluie sur la terre pendant trois ans et six mois.

18 -Puis il pria de nouveau, et le ciel donna de la pluie, et la terre produisit son fruit.

19 -Mes frères, si quelqu'un parmi vous s'est égaré loin de la vérité, et qu'un autre l'y ramène,

20 -qu'il sache que celui qui ramènera un pécheur de la voie où il s'était égaré sauvera une âme de la mort et couvrira une multitude de péchés.

Pour les captifs de la sorcellerie, ceux qui désirent partir des sectes sataniques, les vendus en sorcellerie, les prisonniers innocents et tous ceux qui sont liés et bloqués par n'importe quel esprit maléfique.

ACTES 16 : 23,26

23 -Après qu'on les eut chargés de coups, ils les jetèrent en prison, en recommandant au geôlier de les garder sûrement.

24 -Le geôlier, ayant reçu cet ordre, les jeta dans la prison intérieure, et leur mit les ceps aux pieds.

25 -Vers le milieu de la nuit, Paul et Silas priaient et chantaient les louanges de Dieu, et les prisonniers les entendaient.

26 -Tout à coup il se fit un grand tremblement de terre, en sorte que les fondements de la prison furent ébranlés; au même instant, toutes les portes s'ouvrirent, et les liens de tous les prisonniers furent rompus.

B. Pour les enfants de Dieu persécutés, jugés et condamnés dans leurs milieux professionnels, dans leurs maisons ; pour les innocents, pour

ceux dont les marabouts et les sorciers attachent et jettent dans l'eau, le feu ou dans les latrines, les bouteilles etc…

DANIEL 3: 20,26

20 –Puis il commanda à quelques-uns des plus vigoureux soldats de son armée de lier Shadrak, Méshak et Abed Nego, et de les jeter dans la fournaise ardente.

21 –Ces hommes furent liés avec leurs caleçons, leurs tuniques, leurs manteaux et leurs autres vêtements, et jetés au milieu de la fournaise ardente.

21 –Comme l'ordre du roi était sévère, et que la fournaise était extraordinairement chauffée, la flamme tua les hommes qui y avaient jeté Shadrak, Méshak et Abed Nego.

22 –Et ces trois hommes, Shadrak, Méshak et Abed Nego, tombèrent liés au milieu de la fournaise ardente.

23 –Alors le roi Nabuchodonosor fut effrayé, et se leva précipitamment. Il prit la parole, et dit à ses conseillers : N'avons-nous pas jeté au milieu du feu trois hommes liés ? Ils répondirent au roi : Certainement, ô roi !

24 –Il reprit et dit : Eh bien, je vois quatre hommes sans liens, qui marchent au milieu du feu, et qui n'ont point de mal ; et la figure du quatrième ressemble à celle d'un fils des dieux.

25 –Ensuite Nabuchodonosor s'approcha de l'entrée de la fournaise ardente, et prenant la parole, il dit : Shadrak, Méshak et Abed Nego, serviteurs du Dieu suprême, sortez et venez ! Et Shadrak, Méshak et Abed Nego sortirent du milieu du feu.

Pour ceux qui sont victimes de complots, pour ceux qui dorment dans des maisons hantées, ceux qui sont perturbés dans leur sommeil par les esprits d'animaux, les assoiffés de chair et de sang humain.

DANIEL 6 : 20,23

20 -En s'approchant de la fosse, il appela Daniel d'une voix triste. Le roi prit la parole et dit à Daniel: Daniel, serviteur du Dieu vivant, ton Dieu, que tu sers avec persévérance, a-t-il pu te délivrer des lions?

21 -Et Daniel dit au roi: Roi, vis éternellement?

22 -Mon Dieu a envoyé son ange et fermé la gueule des lions, qui ne m'ont fait aucun mal, parce que j'ai été trouvé innocent devant lui; et devant toi non plus, ô roi, je n'ai rien fait de mauvais.

23 -Alors le roi fut très joyeux, et il ordonna qu'on fît sortir Daniel de la fosse. Daniel fut retiré de la fosse, et on ne trouva sur lui aucune blessure, parce qu'il avait eu confiance en son Dieu.

Chapitre IV : PRIERES ET LITANIES

IV.1 PRIERE POUR OBTENIR L'INTERCESSION DE MARIE NOTRE MERE

Très Sainte Vierge Marie, nous t'aimons et nous savons que tu n'as point de pareil dans la médiation auprès du Seigneur, ton fils notre Sauveur et nous avons confiance en toi. Intercède donc pour tes enfants que nous sommes auprès de Jésus, O notre mère pour que nos corps redeviennent purs, libérés de toutes maladies, et de toutes sortes de possessions et d'impuretés. Qu'ils redeviennent des véritables temples du Saint Esprit, et que nous soyons des hommes nouveaux comblés des grâces et des dons du Saint-Esprit. Au nom de Jésus Christ, pour le salut de nos âmes et pour la gloire de Dieu.

IV.2 JE CONFESSE A DIEU (Pascal PEG)

Je confesse à Dieu Tout-puissant que j'ai péché, oui j'ai vraiment péché, par pensée, par paroles, par actions, par omission et par esprit. C'est pourquoi je prie la très Sainte Vierge Marie, Saint Jean-Baptiste, Saint Joseph, les Saints Apôtres et tous les Saints ; Saint Michel Archange, mon Ange gardien et tous les anges de prier pour moi le Seigneur notre Dieu.

V. Que Dieu Tout-Puissant nous fasse miséricorde, qu'il nous pardonne nos péchés et qu'il nous conduise à la vie éternelle !

R. Amen

V. Que le Seigneur Tout-puissant et miséricordieux nous accorde l'indulgence, l'absolution et la rémission de nos péchés !

R. Amen

NB : *Mon Je confesse à Dieu ne remplace en aucun cas le « « Je confesse à Dieu » de l'Eglise. Il m'a tout simplement été inspiré que je pouvais aussi le dire ainsi. Nous confessons souvent les péchés commis par pensée, par paroles, par actions et par omission ; Mais jamais les péchés commis par esprit. Plusieurs personnes aujourd'hui ne maitrisent pas les activités menées par leur esprit. En effet, la plupart des hommes pèchent aujourd'hui par l'esprit, et plusieurs* n'ont pas conscience car ils ne se souviennent souvent pas de leurs rêves. Beaucoup mangent, boivent, fêtent et voyagent dans leur sommeil, se livrant à toutes sortes d'abus. D'autres se retrouvent dans la mer, les rivières, les forêts, les tombes, bref dans d'autres mondes entrain de se livrer à toutes sortes d'abominations et bien d'autres. Il est connu de tous que manger, boire, festoyer et coucher dans les rêves n'est pas bien. Voilà donc autant de péchés non confessés et le gros nœud de tous les blocages et autres problèmes spirituels.

IV.3 PRIERE DE NOTRE DAME DES PELERINS.

Cette riche et puissante prière, nous a été révélée afin que les hommes prennent conscience de leurs conditions de pèlerins sur la terre. Dieu a donné à l'humanité Notre Dame de Pèlerins pour les accompagner ici-bas sur les chemins de la vie chacun par rapport à sa mission, pour le seul but du salut de leurs âmes et pour préparer l'avènement du Règne de Dieu.

O Marie Notre Dame des Pèlerins, Mère de Jésus, Epouse mystique du Saint-Esprit, Fille aînée du Père Eternel, Mère des Saints Anges, Mère des Saints et Mère des Hommes ! Pèlerins de toutes les nations, nous t'appelons, O Notre Dame, pour que tu marches avec nous et devant nous, pendant tout notre pèlerinage terrestre.

Conduis-nous dans la paix, la grâce, la foi, l'espérance, la charité et en sécurité à bon port,
Conduis les hommes de toutes les nations, à ton fils, et à notre Père céleste, en compagnie de ton Epoux mystique l'Esprit Saint et les Saints tes autres enfants,
Conduis-nous dans cette vie au-delà des peines et des joies, du malheur et du bonheur, des épreuves et du succès,

Conduis-nous tous les jours de nos vies sur le chemin qui mène à Dieu, toi qui le connais mieux que nous autres pauvres pécheurs,

Conduis-nous sur la montagne sainte à la rencontre de Dieu,

Conduis-nous tous vers le Règne de Dieu qui vient sur la terre,

Conduis-nous dans l'accomplissement de la mission que Dieu nous a confié jusqu'à notre dernier soupir.

Conduis-nous à notre mort au Paradis devant notre Père Céleste en compagnie de ton fils Jésus Christ notre Seigneur.

O Notre Dame des Pèlerins, soit notre témoin, notre avocate, notre bienfaitrice et notre protectrice pendant et après notre pèlerinage ici bas. Amen

IV.4 POUR QUE BRILLE EN NOUS TA FLAMME D'AMOUR JESUS *(Prière JMV)*

Seigneur Jésus, nous venons vers toi, avec Marie immaculée, Toi l'ami des petits et des pauvres, nous te louons. Tu regardes chacun de nous avec tellement d'amour. Apprends-nous à vivre ensemble avec le dynamisme de ton Esprit qui nous engage sur le chemin de l'émerveillement, de la vérité et de l'action. Donne-nous de regarder les autres, avec les yeux du cœur, pour reconnaître les merveilles que tu fais en eux et, en particulier en tous ceux qui sont défavorisés. Aide-nous à bâtir un monde fraternel où personne ne soit mis à l'écart. Fais-nous agir, non avec un esprit de puissance ou de domination, mais humblement et dans un esprit de service. Amen

IV.5 O JESUS ! MON BON ET DOUX SAUVEUR (Prière N°1)

Toi qui es La Parole vivante Prends pitié de moi pécheur. Car j'ai péché contre toi et contre mes frères, j'ai péché dans toutes les dimensions. Celui qui a péché contre un commandement a péché contre tous. Tu es allé jusqu'au Calvaire mourir pour moi pour que je sois sauvé et que je vive éternellement. Délivres moi aujourd'hui du péché, de la maladie et de la captivité pour que je te serve de toutes mes forces, de toute mon âme, de tout mon esprit et de tout mon cœur. Toi qui es le chemin, la vérité et la vie, augmentes en moi la foi et que ta main invisible me sorte du chao et me fasse entrer dans ta lumière, pour que je t'adore en vérité et en esprit, afin que mon nom soit inscrit dans ton livre de vie et que j'ai la vie en abondance.

Toi qui baptise de feu et d'esprit, donnes moi la foi en ton Eglise, mets en moi la Crainte de Dieu, la Force, le Conseil et les autres Dons de ton Esprit, afin que je sois ton témoin, et que j'annonce ta Parole partout où besoin sera ainsi que ton retour très proche.

O Jésus, merci pour ton amour et pour ton sacrifice, merci parce qu'il y a plus de joie au ciel pour un pécheur qui se repent, merci parce que tu m'as sauvé moi la brebis égarée, merci enfin pour le don que tu veux me faire. Amen

Nous croyons ô Dieu que tout ce que nous te demandons au nom de Jésus, nous l'avons déjà reçu.

IV.6 PRIERE A JESUS MAITRE, SEIGNEUR ET SAUVEUR. (Prière N°2)

Au nom du Père et du Fils et du Saint Esprit (*3)
Seigneur, Prends pitié de moi pécheur !

Nous avons péché contre Toi et contre Toi seul nous avons péché. C'est pourquoi nous sommes malades, c'est pourquoi nous sommes mauvais, c'est pourquoi nous souffrons. Seigneur tu m'as aimé pécheur et tu as payé le prix fort pour moi.

O Christ sauve moi pécheur !

Ne regarde pas mes péchés mais la foi que j'ai en Toi et en Ton Eglise. Tu m'as fais ton élu, tu m'as choisi parmi tant d'autres. Et pour cela je te rends grâce et je te bénis à jamais.

Père écoute ma prière, et que mon cri parvienne jusqu'à toi !
Seigneur ouvre ma bouche et ma langue publiera ta louange !
Seigneur Jésus :
De ton Précieux Sang purifie-moi !
De ta Lumière remplis-moi !
De ton Energie comble-moi !
De tes Grâces comble-moi !
De ta Force investis-moi !
De ton Autorité investis-moi !
De ta Puissance investis-moi !

De ton Amour comble-moi !
De ton Manteau revêtis-moi !
De ton Esprit Saint remplis-moi !
De ton Huile Sacrée oint-moi !
De ta Gloire comble-moi !
De ta Bénédiction bénis-moi !
De ta Paix inonde-moi !
De ton Ennemi protège-moi !
Jésus, mon Maître :
Donne-moi le cœur que tu as eu !
Donne-moi le discernement que tu avais !
Donne-moi ta sagesse et ton intelligence !
Notre Père…
Gloire au Père… (*3)
Au nom du Père, et du Fils et du Saint Esprit (*3)
Amen !

IV.7 J'AI DU PRIX DEVANT DIEU (Prière N°3) :

Je suis le Temple de la Très Sainte Trinité. Oui Dieu le Père, Dieu le Fils et Dieu le Saint-Esprit ont trouvé en moi une demeure. Jésus m'a libéré de la captivité et du péché et Il m'a donné la capacité d'accomplir les bonnes œuvres que Dieu a préparé d'avance pour que je les pratique. Oui je peux tout désormais par celui qui me rend fort et au nom puissant de Jésus-Christ. Celui qui est dans le monde ne peut rien contre moi, car je possède la Très Sainte Trinité et la Très Sainte Trinité me possède désormais. J'ai reçu l'autorité sur les maladies naturelles et spirituelles et sur toutes les malices des démons par la bouche la plus autorisée. L'ange du Seigneur Celui qui cria : QUI EST COMME DIEU! M'accompagne toujours dans mes routes et prend soin de moi. J'ai été lavé avec le sang de l'Agneau par Dieu sous le regard vigilant de Marie notre Sainte Mère. Amen, Alléluia Seigneur pour l'ensemble de ton œuvre en moi, au nom puissant de Jésus-Christ.

Amen

Gloire au Père, à son Fils et à son Saint-Esprit; comme il était au commencement, maintenant et toujours dans des siècles et des siècles amen.

IV.8 LITANIES DES SAINTS.

Invoquez toujours les Saints au moins une fois par jour, pour demander leur protection, leur direction, leur faveur. Ils vous accompagneront toujours lorsque vous faites appel à eux et vous échapperez à tous les pièges tendus par l'ennemi et réussirez dans toutes vos entreprises. Nous avons tenu compte de toute la communauté des Saints dans cette litanie.

Seigneur, ayez pitié de nous.
Christ, ayez pitié de nous.
Seigneur, ayez pitié de nous.
Christ, écoutez-nous.
Christ, exaucez-nous.
Père céleste, qui êtes Dieu, ayez pitié de nous.
Fils Rédempteur du monde, qui êtes Dieu, ayez pitié de nous.
Saint-Esprit, qui êtes Dieu, ayez pitié de nous.
Sainte Trinité, qui êtes un seul Dieu, ayez pitié de nous.
Sainte Marie, priez pour nous.

Sainte Mère de Dieu, priez pour nous.
Sainte Vierge des vierges, priez pour nous.
Saint Michel Archange, priez pour nous.
Saint Gabriel Archange, priez pour nous.
Saint Raphaël Archange, priez pour nous.
Vous tous saints Archanges de Dieu, priez pour nous.
Vous tous saints Séraphins de Dieu, priez pour nous.
Vous tous saints Chérubins de Dieu, priez pour nous.
Vous tous saints Trônes de Dieu, priez pour nous.
Vous tous saintes Vertus de Dieu, priez pour nous.
Vous tous saintes Dominations de Dieu, priez pour nous.
Vous tous Saintes Principauté de Dieu, priez pour nous.
Vous tous saintes Puissances de Dieu, priez pour nous.
Vous tous saints Anges de Dieu, priez pour nous.
Vous tous saints ordres des Esprits bienheureux, priez pour nous.
Saint Jean-Baptiste, priez pour nous.
Saint Joseph, époux de Marie, Priez pour nous.
Saint Abraham, Priez pour nous.
Saint Isaac et Saint Jacob, Priez pour nous.

Prières pour ces temps (Tome 1)

Saint Joseph et Saint Moise, Priez pour nous.

Saint David, et Saint Salomon, Priez pour nous.

Saint Enoch et Saint Job, Priez pour nous.

Saint Isaïe et Saint Jérémie, Priez pour nous.

Saint Elie et Saint Elisée, Priez pour nous.

Vous tous saints Patriarches et saints Prophètes, priez pour nous.

Saint Pierre, et Saint Paul, priez pour nous.

Saint André, et Saint Jacques, priez pour nous.

Saint Jean, et Saint Thomas, priez pour nous.

Saint Philippe, et Saint Barthélemy, priez pour nous.

Saint Matthieu, et Saint Simon, priez pour nous.

Saint Thaddée, et Saint Mathias, priez pour nous.

Saint Barnabé, et Saint Luc, priez pour nous.

Saint Marc, priez pour nous.

Vous tous saints Apôtres et saints Evangélistes, priez pour nous.

Vous tous saints Disciples du Seigneur, priez pour nous.

Saint Etienne, priez pour nous.

Saint Ignace d'Antioche, Priez pour nous.

Saint Polycarpe de Smyrne, Priez pour nous.

Saint Justin, et Saint Laurent, Priez pour nous.

Saint Pothin et Sainte Blandine, Priez pour nous.

Saint Irénée de Lyon, Priez pour nous.

Sainte Perpétue et Sainte Félicité, Priez pour nous.

Saint Cyprien de Carthage, Priez pour nous.

Sainte Agnès, Priez pour nous.

Saint Thomas Becket, Priez pour nous.

Saint Thomas More, Priez pour nous.

Sainte Maria Goretti, Priez pour nous.

Saint Maximilien Kolbe, Priez pour nous.

Saint Vincent, priez pour nous.

Saint Denis avec les compagnons de votre martyre, priez pour nous.

Saint Fabien et saint Sébastien, priez pour nous.

Saint Jean et saint Paul, priez pour nous.

Saint Côme et saint Damien, priez pour nous.

Saint Gervais et saint Protais, priez pour nous.

Vous tous, saints martyrs, Priez pour nous.

Saint Léon le Grand, Priez pour nous.

Saint Grégoire le Grand, Priez pour nous.

Saint Ambroise de Milan, Priez pour nous.

Saint Jérôme et saint Augustin, Priez pour nous.

Saint Athanase d'Alexandrie, Priez pour nous.
Saint Basile le Grand, Priez pour nous.
Saint Grégoire de Nazianze, Priez pour nous.
Saint Jean Chrysostome, Priez pour nous.
Saint Hilaire de Poitiers, Priez pour nous.
Saint Martin de Tours, Priez pour nous.
Saint François de Sales, Priez pour nous.
Saint Pie X, Priez pour nous.
Vous tous, saints évêques et saints docteurs, Priez pour nous.
Saint Sylvestre, et Saint Grégoire, priez pour nous.
Saint Ambroise, et Saint Augustin, priez pour nous.
Saint Jérôme, et Saint Hilaire, priez pour nous.
Saint Martin, et Saint Rémy, priez pour nous.
Saint Nicolas, et Saint Sainctin, priez pour nous.
Saint Faron, et Saint Hildevert, priez pour nous.
Vous tous saints Evêques et saints Confesseurs, priez pour nous.
Vous tous saints Docteurs, priez pour nous.
Saint Antoine d'Egypte, priez pour nous.
Saint Benoît, et Saint Bernard, priez pour nous.
Saint Fiacre, et Saint Pathus, priez pour nous.

Saint Dominique, et Saint François, priez pour nous.
Saint Louis, et Saint Roch, priez pour nous.
Saint François d'Assise, Priez pour nous.
Saint Antoine de Padoue, Priez pour nous.
Saint Dominique, Priez pour nous.
Saint Thomas d'Aquin, Priez pour nous.
Saint Ignace de Loyola, Priez pour nous.
Saint François Xavier, Priez pour nous.
Saint Jean de la Croix, Priez pour nous.
Saint Vincent de Paul, Priez pour nous.
Saint Jean-Marie Vianney, Priez pour nous.
Saint Jean Bosco, Priez pour nous.
Vous tous saints Prêtres et saints Diacres, priez pour nous.
Vous tous saints Moines et saints Ermites, priez pour nous.
Sainte Marie-Madeleine, priez pour nous.
Sainte Catherine de Sienne, Priez pour nous.
Sainte Thérèse d'Avila, Priez pour nous.
Sainte Agathe, et Sainte Lucie, priez pour nous.
Sainte Agnès, et Sainte Cécile, priez pour nous.
Sainte Catherine, et Sainte Céline, priez pour nous.

Sainte Anastasie, et Sainte Fare, priez pour nous.
Sainte Geneviève, et Sainte Foi, priez pour nous.
Sainte Rose de Lima, Priez pour nous.
Sainte Bernadette Soubirous, Priez pour nous.
Sainte Thérèse de L'Enfant Jésus, Priez pour nous.
Vous toutes saintes Vierges et saintes Veuves, priez pour nous.
Sainte Anne, mère de Marie, Priez pour nous.
Sainte Monique, Priez pour nous.
Saint Louis de France, Priez pour nous.
Saint Nicolas de Flüe, Priez pour nous.
Sainte Elisabeth de Hongrie, Priez pour nous.
Sainte Jeanne d'Arc, Priez pour nous.
Saints et saintes d'Afrique, Priez pour nous.
Saints et saintes d'Europe, Priez pour nous.
Saints et saintes d'Asie, Priez pour nous.
Saints et saintes des Amériques, Priez pour nous.
Saints et saintes d'Océanie, Priez pour nous.
Saints martyrs d'autrefois et d'aujourd'hui, Priez pour nous.
Saints enfants, saints jeunes et saints vieillards, Priez pour nous.

Saints et saintes de mon pays, Priez pour nous.

Saints hommes et saintes femmes, Priez pour nous.

Saints et saintes inconnus qu'on ne fête qu'à la Toussaint.

Saints et saintes de l'Eglise universelle, Priez pour nous.

Vous tous Saints et Saintes de Dieu, intercédez pour nous.

Vous tous, saints et saintes de Dieu, Secourez nous.

Vous tous, Saints et saintes de Dieu, priez pour nous

Priez pour nous saints et saintes de Dieu !

Enfin que nous soyons dignes des promesses du Christ.

Prions : O Dieu trois fois saint ! Toi qui as créé les anges de tous ordres, les esprits bienheureux, et toutes les puissances d'en haut, Toi qui es le Père de tous les Saints hommes et de toutes les Saintes femmes, nous te prions de nous accorder l'aide, la protection, la direction, la bénédiction et les faveurs de toute la communauté des Saints pendant notre séjour ici bas et leur accompagnement quand l'heure viendra pour nous de quitter cette terre, par Jésus le Christ Roi des Saints. Amen

IV.9 LITANIE DES ANCETRES DE JESUS

Cette litanie nous a été recommandée comme étant une forte prière pour la coupure des liens avec les pratiques ancestrales. Par le baptême vous êtes devenu fils de Dieu et frère de Jésus-Christ. Par cette litanie, les ancêtres du Christ devenus les vôtres viendront donc couper tous les liens ancestraux qui agissent négativement contre vous.

Seigneur, ayez pitié de nous.
Christ, ayez pitié de nous.
Seigneur, ayez pitié de nous.
Christ, écoutez-nous.
Christ, exaucez-nous.
Père céleste, qui êtes Dieu, ayez pitié de nous.
Fils Rédempteur du monde, qui êtes Dieu, ayez pitié de nous.
Saint-Esprit, qui êtes Dieu, ayez pitié de nous.

Sainte Trinité, qui êtes un seul Dieu, ayez pitié de nous.
Sainte Marie mère de Dieu, priez pour nous.
Sainte Marie Reine des patriarches, priez pour nous.
Saint Abraham, priez pour nous.
Saint Isaac et saint Jacob, priez pour nous.
Saint Juda et saint Pharès, priez pour nous.
Saint Esrom et saint Aram, priez pour nous.
Saint Aminadab et saint Naasson, priez pour nous.
Saint Salmon et saint Booz, priez pour nous.
Saint Jobed et saint Jessé, priez pour nous.
Saint David et saint Salomon, priez pour nous.
Saint Roboam et saint Abia, priez pour nous.
Saint Asa et saint Josaphat, priez pour nous.
Saint Joram et saint Ozias, priez pour nous.
Saint Joatham et saint Achaz, priez pour nous.
Saint Ezéchias et saint Manassé, priez pour nous.
Saint Amon et saint Josias, priez pour nous.
Saint Jéchonias et saint Salathiel, priez pour nous.
Saint Zorobabel et saint Abioud, priez pour nous.
Saint Eliakim et saint Azor, priez pour nous.
Saint Sadok et saint Akhim, priez pour nous.

Saint Elioud et saint Eleazar, priez pour nous.
Saint Matthan et saint Jacob, priez pour nous.
Saint Joseph, priez pour nous.
Saints patriarches et ancêtres de Jésus, priez pour nous.
Agneau de Dieu qui enlevez les péchés du monde, pardonnez-nous, Seigneur.
Agneau de Dieu qui enlevez les péchés du monde, exaucez-nous, Seigneur.
Agneau de Dieu qui enlevez les péchés du monde, ayez pitié de nous, Seigneur.

Prions : O Dieu ! Vous qui avez voulu que votre peuple vous appel Dieu d'Abraham, d'Isaac et de Jacob pour l'éternité, venez en aide à nous autres qui invoquons les patriarches et les ancêtres de Jésus-Christ, en nous délivrant de tous liens et pactes ancestraux et familiaux qui agissent négativement dans nos vies ; Et accordes-nous paix, santé, bénédiction et prospérité par l'intercession des ces ancêtres et patriarches au nom Jésus. Amen

IV.10 LITANIE DE L'ESPRIT SAINT

Seigneur, ayez pitié de nous.

Christ, ayez pitié de nous.

Seigneur, ayez pitié de nous.

Christ, écoutez-nous.

Christ, exaucez-nous.

Père céleste, qui êtes Dieu, ayez pitié de nous.

Fils Rédempteur du monde, qui êtes Dieu, ayez pitié de nous.

Saint-Esprit, qui êtes Dieu, ayez pitié de nous.

Sainte Trinité, qui êtes un seul Dieu, ayez pitié de nous.

Esprit Saint, je vous aime et je vous adore, purifiez-moi.

Esprit Saint, de tout péché non confessé, purifiez-moi.

Esprit Saint, de tout mal caché, purifiez-moi.

Esprit Saint, de tout blocage interne et externe, purifiez-moi.

Esprit Saint, de tout esprit d'infidélité, purifiez-moi.

Esprit Saint, de tout esprit de mensonge, purifiez-moi.

Esprit Saint, de tout esprit de discorde, purifiez-moi.

Esprit Saint, de tout esprit d'impureté, purifiez-moi.

Esprit saint, de tout esprit d'infirmité, purifiez-moi.

Esprit saint, de tout esprit de maladie, purifiez-moi.

Esprit Saint, de tout esprit de découragement, purifiez-moi.

Esprit Saint, de tout esprit de pauvreté, purifiez-moi.

Esprit Saint, de tout esprit de paresse, purifiez-moi.

Esprit Saint, de tout esprit de malédictions, purifiez-moi.

Esprit Saint, de tout esprit d'idolâtrie, purifiez-moi.

Esprit Saint, de tout esprit de sorcellerie, purifiez-moi.

Esprit Saint, de tout esprit de stérilité, purifiez-moi.

Esprit Saint, de tout esprit d'envoûtement, purifiez-moi.

Esprit Saint, de tout esprit de mauvais sort, Purifiez-moi.

Esprit Saint, des fausses visions et des rêves trompeurs, purifiez-moi.

Esprit Saint, des pièges de la divination et de fausses prédictions, purifiez-moi.

Esprit Saint, de toutes forces du mal, purifiez-moi.

Esprit Saint, de tout esprit d'empoisonnements nocturnes, purifiez-moi.

Esprit Saint, de tout esprit de déviation, purifiez-moi.

Esprit Saint de tout esprit de colère, purifiez-moi.

Esprit Saint de tout esprit de mépris, purifiez-moi.

Esprit Saint de tout esprit de vol, purifiez-moi.

Esprit Saint de tout esprit qui verse le sang humain, purifiez-moi.

Esprit Saint de tout esprit de haine, purifiez-moi.

Esprit Saint de tout esprit de jalousie, purifiez-moi.

Esprit Saint de tout esprit totem, purifiez-moi.

Esprit Saint de tout esprit d'animal, purifiez-moi.

Esprit Saint de tout esprit de forêt, purifiez-moi.

Esprit Saint de tout esprit des eaux, purifiez-moi.

Esprit Saint de tout esprit des airs, purifiez-moi.

Esprit Saint de tout esprit contraire, purifiez-moi.

V. Seigneur, envoyez-nous votre Esprit

R. Pour qu'il renouvelle la face de la terre !

Prions : Esprit Saint consolateur, Esprit de vérité, Toi qui es partout présent et qui remplis tout, donateur de vie, Viens et demeure en moi, purifie-moi et sauve-moi. Esprit Saint, Toi qui es Amour Eternel, viens, vivifier mon corps, mon esprit et mon âme. Viens renouveler en moi tes Dons Sacrés pour que je porte chaque jour les fruits de ton Amour. Ô Esprit Saint, donne-moi de te rencontrer personnellement pour vivre quotidiennement avec toi, pour me laisser conduire et guider par toi, pour grandir dans l'union à Dieu, dans cette communion qui me donne de voir Jésus dans chaque personne humaine. Viens Esprit Saint en moi et sur ma famille pour guérir ce qui est blessé, réchauffer ce qui est froid et assouplir ce qui est rigide.

Viens en mon histoire pour transfigurer ma vie, mes gestes, mes paroles, mon identité profonde afin que je vive de ta vie et de ton amour. Viens enfin mettre en moi la confiance en Dieu, me délivrer des mauvais esprits et me purifier des conséquences du péché au nom puissant de Jésus Christ. Amen

IV.11 LITANIE DE SAINT MICHEL ARCHANGE

Seigneur, ayez pitié de nous.

Christ, ayez pitié de nous.

Seigneur, ayez pitié de nous.

Christ, écoutez-nous.

Christ, exaucez-nous.

Père céleste, qui êtes Dieu, ayez pitié de nous.

Fils Rédempteur du monde, qui êtes Dieu, ayez pitié de nous.

Saint-Esprit, qui êtes Dieu, ayez pitié de nous.

Sainte Trinité, qui êtes un seul Dieu, ayez pitié de nous.

Sainte Marie, priez pour nous.

Saint Michel, Chef du Paradis, affranchissez-nous.

Saint Michel, Chef des neufs chœurs des Anges, affranchissez-nous.

Saint Michel, Prince des milices célestes, affranchissez-nous.

Saint Michel, reflet de la Divinité, affranchissez-nous.

Saint Michel, Ange préféré de Dieu, affranchissez-nous.

Saint Michel, orné de toutes les grâces et de toutes les vertus, affranchissez-nous.

Saint Michel, Victorieux de Satan, affranchissez-nous.

Saint Michel, terreur des démons, affranchissez-nous.

Saint Michel, défenseur de l'Eglise Universelle, affranchissez-nous.

Saint Michel, défenseur des âmes justes, affranchissez-nous.

Saint Michel, défenseur de la paix, affranchissez-nous.

Saint Michel, défenseur des consacrés, affranchissez-nous.

Saint Michel, secours des chrétiens, affranchissez-nous.

Saint Michel, bon envers les pécheurs convertis, affranchissez-nous.

Saint Michel, qui nous donnez à tous un ange gardien, affranchissez-nous.

Saint Michel, notre intercesseur auprès de Dieu, affranchissez-nous.

Saint Michel, qui présentez à Dieu nos prières, affranchissez-nous.

Saint Michel, qui offrez à Dieu nos bonnes œuvres, affranchissez-nous.

Saint Michel, force des apôtres et des missionnaires, affranchissez-nous.

Saint Michel, lumière des Docteurs, affranchissez-nous.

Saint Michel, soutien des martyrs, affranchissez-nous.

Saint Michel, bouclier des enfants de Dieu dans le combat, affranchissez-nous.

Saint Michel, défenseur des enfants de Dieu dans le combat, affranchissez-nous.

Saint Michel, qui nous donne les victoires dans le combat, affranchissez-nous.

Saint Michel, défenseur des confesseurs de la Foi, affranchissez-nous.

Saint Michel, libérateur des possédés, affranchissez-nous.

Saint Michel, libérateur des captifs, affranchissez-nous.

Saint Michel, soutien des malades, affranchissez-nous.

Saint Michel, soutien des désespérés, affranchissez-nous.

Saint Michel, soutien des mourants, affranchissez-nous.

Saint Michel, libérateur des âmes du purgatoire, affranchissez-nous.

Saint Michel, source de force et de puissance, affranchissez-nous.

Saint Michel, notre guide et notre espérance, affranchissez-nous.

Agneau de Dieu qui ôtez les péchés du monde, pardonnez-nous, Seigneur.

Agneau de Dieu qui ôtez les péchés du monde, exaucez-nous, Seigneur.

Agneau de Dieu qui ôtez les péchés du monde, faites-nous miséricorde, Seigneur.

V. Priez pour nous, O Saint Michel archange !

R. Et obtenez-nous la délivrance.

Prions : Archange Michel, Vous qui avez reçu toutes autorités sur Satan et sur tous les autres esprits malins. Daignez je vous en prie nous délivrer, nous défendre et nous secourir dans le combat que nous avons à mener contre eux. Marchez à nos côtés et établissez l'empire de Dieu en nous. Grand Chef et Prince de la milice céleste, rendez nous redoutables dans le combat et délivrez l'humanité de l'emprise du mal et de ses serviteurs, pour la Gloire de Dieu et le Salut du monde. Amen

IV.12 ACTION DE GRACE (Prière N° 4) :

Maintenant ô Dieu que je suis purifié par ton Esprit Saint et affranchit des mauvais esprits par Saint Michel Archange, tends Ta Puissante main vers moi afin que lavé dans le sang de l'Agneau, comblé de Ton Esprit Saint, sous le regard maternel et vigilant de la Vierge Marie notre Sainte Mère, votre volonté se fasse en moi et que votre règne vienne sur la terre.

Au nom Puissant de Jésus-Christ ton Fils bien aimé notre Seigneur et Sauveur.

Amen

Chapitre V :
TRIDUUM DE LIBERATION, DE DELIVRANCE, DE PURIFICATION ET DE RECONSTRUCTION PAR LES VERTUS DU SAINT-ESPRIT ET DE SAINT MICHEL ARCHANGE

Ce triduum est une grande et puissante prière d'auto libération, de réparation, de délivrance, de déblocage contre tous les maux et difficultés liés aux esprits contraires qui puissent exister. Il vous libèrera ainsi de l'emprise du démon, mais il vous apportera aussi la purification, disposant ainsi votre âme et votre esprit à recevoir la lumière, les grâces et les dons du Saint Esprit et faire de vous une personne nouvelle. Pendant donc trois jours et trois nuits vous serez entrain de faire appel à l'Esprit Saint (Le Feu de Dieu) et Saint Michel Archange (Le Chef des Armées de Dieu), et rien ni personne ne peut les résister. Mais avant il faut disposer le corps à cette prière d'autolibération.

Il sera donc important de respecter les consignes qui sont :

- Pour ceux qui n'ont pas de problèmes de santé et qui peuvent jeûner, rester sans manger, ni boire pendant les trois jours.
- Pour ceux qui ne le peuvent pas, manger pendant ces trois jours à partir de 18heures, des salades, des fruits ou des légumes.
- Si vous êtes malades, manger des fruits ou des salades et buvez de l'eau bénite.

NB : En plus de jeûner, vous ferez l'effort de ne pas vous énerver, et faire preuve d'amour, et de charité.

Comment prier ?

Cette prière se fera le matin entre 5 heures et 6 heures et le soir entre 21 heures et minuit. Vous commencerez par lire :

- Isaïe 58
- Prière N°1 (page 27)
- Le credo (Je crois en Dieu)

- Notre Père
- Je vous Salue Marie (3fois)
- Prière N°2 (page 28)
- Prière du Jour
- Litanie de L'Esprit Saint (page 43)
- Litanie de Saint Michel Archange (page 47)
- Prière N° 3(page 30)
- Prière N° 4 (page 51), le troisième jour uniquement)

Premier jour :

Viens Esprit Saint, Toi la troisième personne de la Trinité, Toi la troisième personnalité du Paradis après le Père et le Fils, viens. Je te demande tel un enfant innocent et avec une grande confiance de me donner les Dons de la Crainte de Dieu et de la Piété pour que je reconnaisse Sa grandeur dans toute sa création et que je m'humilie devant sa face en reconnaissant que je suis pécheur et poussière et qu'un jour je retournerais poussière. Donnes moi enfin de te prier de toutes mes forces, de toute mon âme et de tout mon esprit pour que ta volonté se fasse en moi.

Viens Saint Michel Archange, Chef du Paradis, Grand Chef et Prince des armées célestes. Viens-toi qui as crié et qui cries encore : **Qui est comme Dieu !** Viens nous apprendre à craindre Dieu et à savoir prier pour que Sa Gloire descende aussi en nous comme en Toi.
Au nom puissant de Jésus-Christ ! Amen !

Gloire au Père, à son Fils et à son Saint-Esprit ; comme il était au commencement, maintenant et toujours dans des siècles et des siècles amen.
- ➢ Litanie de l'Esprit Saint
- ➢ Litanie de Saint Michel Archange

Deuxième jour :
Viens Esprit Saint consolateur, Esprit de vérité me donner les Dons de la sagesse, d'intelligence et de science afin que j'ai la parfaite connaissance de Dieu mon Créateur, de Jésus-Christ mon Sauveur et mon Seigneur et de Toi ma force, mon souffle et mon ami fidèle. Viens aussi me donner la connaissance de la Parole de Dieu et de tout ce qui est caché.

Viens Saint Michel Archange, Prince très Glorieux de la milice céleste, éclairer mes sens,

fortifier mon intelligence et élever mon âme vers les hauteurs de la sagesse. Viens par la force de ton épée aplanir mes routes pour que je puisse proclamer et annoncer en toute confiance la vérité et la vraie connaissance pour que l'humanité entière soit affranchit.
Au nom puissant de Jésus-Christ ! Amen !

Gloire au Père, à son Fils et à son Saint-Esprit ;
comme il était au commencement, maintenant et toujours dans des siècles et des siècles amen.
- ➢ Litanie de l'Esprit Saint
- ➢ Litanie de Saint Michel Archange

Troisième jour :

Viens Esprit Saint, Esprit d'amour, Esprit de feu, Esprit de paix, Esprit de Dieu. Viens me donner les Dons de conseil et de la force pour que je sois un homme transformé, un homme né de nouveau ; pour que je sache reconnaître et contempler l'œuvre de Dieu dans ma vie et dans celle de chaque homme. Viens enfin que je devienne un zélé serviteur de Dieu et un véritable témoin de Jésus-Christ.

Viens Saint Michel Archange Gardien de la Sainte Eglise, Défenseur des chrétiens et des enfants de Dieu, nous guider et combattre le mal en moi et dans ma vie. Viens par la force de ton épée, terrasser mes ennemis visibles et invisibles et briser toutes les barrières m'empêchant d'aller à Dieu dans l'amour, la paix, en bonne santé et en toute liberté.
Au nom puissant de Jésus-Christ ! Amen !
Gloire au Père, à son Fils et à son Saint-Esprit ;
comme il était au commencement, maintenant et toujours dans des siècles et des siècles amen.

- ➢ Litanie de l'Esprit Saint
- ➢ Litanie de Saint Michel Archange

Chapitre VI : NEUVAINE N°1

EXORSISME PUISSANT POUR SA LIBERATION PERSONNELLE SOUS FORME DE NEUVAINE DE PRIERE

Recommandations : *« Evitez de vous mettre en colère, quelque soit le problème, pardonnez à tous vos ennemis car le pardon libère et faites la paix avec vous-même. Ne doutez plus ayez confiance en Dieu et vous verrez sa puissance et sa Gloire ».* Vous mangerez à partir de 18h où vous prendrez du pain et du lait. Si vous vous sentez très faible, prenez de l'eau plate sucrée.

- **(03) Je crois en Dieu ; (03) Pater Noster ; (03) Ave Maria**
- Seigneur, aie pitié de nous.

Jésus-Christ, aie pitié de nous.

Seigneur, aie pitié de nous.

Jésus-Christ, écoute-nous.

Jésus-Christ, exauce-nous.

Père du Ciel, qui es Dieu, aie pitié de nous.

Fils, Rédempteur du monde, qui es Dieu, aie pitié de nous.

Esprit Saint, qui es Dieu, aie pitié de nous.

Trinité Sainte, qui es un seul Dieu, aie pitié de nous.

- **Prière de repentir et de libération**

*Cette prière a été donnée par Jésus à Vassula Ryden le 23 novembre 2006. Vassula écrit : Jésus-Christ m'a dicté cette prière qui est une prière de repentir, de guérison et de libération. Il a dit que cette « prière d'exorcisme » est nécessaire pour nos temps si mauvais. Les gens ne savent pas comment, dans leurs prières, totalement répudier Satan qui les contrôle, les aveugle et qui leur donne un lot de souffrances, soit à travers la maladie ou en les rendant captifs. Jésus a également dit qu'un grand nombre de personnes adorent de faux dieux (des idoles). Cette prière sera très efficace si elle est priée avec le cœur et dans la sincérité. Le Seigneur a dit : « **Laisse-les se repentir devant moi avec ces paroles :** »*

"Seigneur, vous m'avez enduré pendant toutes ces années avec mes péchés, mais néanmoins vous avez eu pitié de moi; je fus induit en erreur de toutes les manières, mais maintenant je ne pècherai plus; je vous ai fait injure et j'ai été injuste, je ne serai désormais plus ainsi.

Je renonce au péché, je renonce au démon, je renonce à l'iniquité qui tâche mon âme. Libérez mon âme de tout ce qui est contre votre sainteté.
Je vous implore de me délivrer de tout mal. Venez maintenant Jésus; venez maintenant et habitez dans mon cœur.

Pardonnez-moi Seigneur, et laissez-moi me reposer en vous, car vous êtes mon Bouclier, mon Rédempteur, ma Lumière et je crois en vous.
À compter d'aujourd'hui Seigneur, je vous bénirai en tout temps. Je renonce au mal et à tous les autres dieux et idoles, car vous êtes le Très Haut sur le monde, surpassant de loin tous les autres dieux.

Par votre bras très puissant, délivrez-moi de la mauvaise santé, délivrez-moi d'être un captif, délivrez-moi des difficultés et écrasez mon ennemi le démon.

Ô Sauveur, venez vite à mon aide! »

- **Dire les Psaumes : 18 ; 35 ; 70**
- **Au nom du Père, et du Fils, et du St-Esprit, Ainsi soit-il.**

Prière à Saint Michel Archange *(Dans le combat)*

Très glorieux Prince des armées célestes, saint Michel Archange, défendez-nous dans le combat, contre les principautés et les puissances, contre les chefs de ce monde de ténèbres, contre les esprits de malice répandus dans les airs.

Venez en aide aux hommes que Dieu a faits à son image et à sa ressemblance, et rachetés à si haut prix de la tyrannie du démon. C'est vous que la sainte Eglise vénère comme son gardien et son protecteur ; vous à qui le Seigneur a confié les âmes rachetées, pour les introduire dans la céleste félicité. Conjurez le Dieu de paix qu'Il écrase Satan sous nos pieds, afin de lui enlever tout pouvoir de retenir encore les hommes captifs, et de nuire à l'Eglise. Présentez au Très-Haut nos prières, afin que, bien vite, descendent sur nous les miséricordes du Seigneur ; et saisissez vous-même l'antique serpent, qui n'est autre que le diable ou Satan, pour le précipiter enchaîné dans les abîmes, en sorte qu'il ne puisse plus jamais séduire les nations. Au nom de Jésus-Christ, notre Dieu et Seigneur, avec l'intercession de l'Immaculée Vierge Marie, Mère de Dieu, de saint Michel Archange, des saints Apôtres Pierre et Paul et de tous les saints [et appuyés sur l'autorité sacrée de notre ministère], nous entreprenons avec confiance de repousser les attaques et les ruses du démon.

Psaume 67 (on le récite debout)

Que Dieu se lève et que ses ennemis soient dispersés ; et que fuient, devant Lui, ceux qui le haïssent.

Comme la fumée s'évanouit, qu'ils disparaissent ; comme la cire fond devant le feu, ainsi périssent les pécheurs devant la face de Dieu.

V: Seigneur, exaucez ma prière.

R: Et que mon cri s'élève jusqu'à vous.

V: Le seigneur soit avec vous.
R: Et avec votre esprit.

Oraison : Dieu du ciel et de la terre, Dieu des Anges, Dieu des Archanges, Dieu des Patriarches, Dieu des Prophètes, Dieu des Apôtres, Dieu des Martyrs, Dieu des Confesseurs, Dieu des Vierges, Dieu qui avez la puissance de donner la vie après la mort, le repos après le travail ; parce qu'il n'y a pas d'autre Dieu que vous, et qu'il ne peut y en avoir si ce n'est vous, le Créateur de toutes les choses visibles et invisibles, dont le règne n'aura pas de fin ; ave humilité nous supplions votre glorieuse Majesté de daigner nous délivrer puissamment et nous garder sains de tout pouvoir, piège, mensonge et méchanceté des esprits infernaux. Par le Christ Notre-Seigneur.
Ainsi soit-il.

Prière à saint Michel, comme protecteur spécial

O grand Prince du ciel, gardien très fidèle de l'Église, saint Michel Archange, moi N**, quoique très indigne de paraître devant vous, confiant néanmoins dans votre spéciale bonté, touché de l'excellence de vos admirables prières et de la multitude de vos bienfaits, je me présente à vous accompagné de mon Ange gardien et en présence de tous les Anges du ciel que je prends à témoin de ma dévotion envers vous.

Je vous choisis aujourd'hui pour mon protecteur et mon avocat particulier, et je me propose fermement de vous honorer toujours, et de vous faire honorer de tout mon pouvoir.

Assistez-moi pendant toute ma vie, afin que jamais je n'offense Dieu gravement ni en œuvres ni en paroles, ni en pensées. Défendez-moi contre toutes les tentations du démon, spécialement pour la foi et la pureté, et à l'heure de ma mort, donnez la paix à mon âme et introduisez-la dans l'éternelle patrie. Ainsi soit-il.

Chapitre VII : NEUVAINE N°2

NEUVAINE DE PRIERE EN L'HONNEUR DE SAINT ELIE « *LE TICHBITE* », SERVITEUR ET PROPHETE DE L'ETERNEL.

Cette neuvaine a été demandé par le prophète Elie lui-même, lors d'une visitation où il fait la demande à son serviteur en ce sens : « *Mon fils il n'y a pas de neuvaine pour moi sur la terre. Ecris une neuvaine en mon honneur, l'Esprit Saint t'inspirera.* » Quelque jours plus tard, il revient visiter son serviteur et lui dit « *Je te remercie beaucoup mon fils, l'Esprit Saint t'a bien inspiré et cette neuvaine aidera beaucoup de personnes en ces temps que traverse l'humanité.* »

Premier jour :

Quand Achab, sous l'influence de Jézabel, son épouse tyrienne, fut devenu un adorateur du Baal de Tyr, Elie paraît tout à coup. Il se présente devant le souverain perverti, lui annonce une sécheresse de durée indéterminée, châtiment de l'apostasie. La famine sévit : Elie se retire d'abord près du torrent de Kerith, où des corbeaux envoyés par l'Eternel le nourrissent du pain et de la viande matins et soirs et il boit l'eau du torrent. (Méditer 1Rois17 : 1 à 6)

L'humanité aujourd'hui adore tout ce que Dieu hait. L'idolâtrie, le sectarisme, le fanatisme, l'argent, le sexe, la mode, la science, la technologie, la politique….ont pris la place du Dieu vivant dans le monde d'aujourd'hui. Voici que l'Eternel, le Dieu vivant, le Dieu jaloux, le Dieu d'Israël est en colère. A cause de Sa colère, la famine sévit dans le monde, il manque d'argent, il y a échec des récoltes, il y a des guerres et des risques de guerre ça et là, et des populations manquent de l'eau potable.

O Eternel Dieu d'Elie, en cette période difficile par laquelle passe l'humanité, préserves-nous ; nous t'en prions de la famine et de la soif comme tu l'as fait pour ton serviteur Elie en son temps, en le faisant nourrir tous les matins et les soirs par des corbeaux qui lui apportaient du pain et de la viande ; et Tu lui donnais l'eau du torrent à boire. N'oublis pas ceux qui subissent la guerre et les laissés pour compte. Nous te le demandons, Toi qui nourris les oiseaux du ciel et les poissons des mers par l'intercession de ton serviteur et prophète Elie le tichbite. Amen

➢ Litanie de Saint Elie

Deuxième jour :

Lorsque le torrent de Kerith est à sec, Elie se rend à Sarepta sur la côte méditerranéenne, au Nord de Tyr. Il y a là une veuve qui met sa confiance en l'Eternel et partage sa dernière galette avec Elie. Alors Dieu intervient : la jarre de farine et la cruche d'huile ne s'épuisent pas avant que la famine ait pris fin. (Méditer 1Rois17 : 7 à 16)

La charité de nos jours s'est éteinte, les gens n'ont plus de compassion pour les autres. C'est chacun pour soi. Les riches sont de plus en plus riches, les pauvres de plus en plus pauvres, et même le peu qu'ils ont, tout est fait pour le leur enlever. Où sont passées la fraternité et la solidarité si ce n'est pour servir nos intérêts, envahir et déstabiliser les nations faibles pour leurs matières premières et oppresser les petits parce qu'on à le pouvoir, parce qu'on est puissant ? Homme pourquoi ne crains-tu pas Dieu, qui t'a créé toi et tous ces biens ?

Voici que Dieu te tourne le dos parce que tu ne Le crains pas, Lui non plus n'a plus compassion de toi et Il ne te restera plus que des pleurs et des grincements de dents à cause des fléaux de toutes sortes qui vont t'arriver : c'est la mort assurée.

O Eternel Dieu d'Elie, en ces temps où la majeure partie de l'humanité t'a tourné le dos, nous te prions O Dieu d'augmenter en nous la Foi, la Charité et l'Espérance ; de mettre en nous ta crainte afin que le petit nombre qui te reste fidèle ait compassion des pauvres, des veuves et des orphelins, des étrangers et des invalides, des malades et des prisonniers. A l'exemple de cette veuve qui te craignait et qui n'avait pas hésité non seulement d'accueillir chez elle ton serviteur le prophète Elie mais aussi de partager son dernier repas avec lui. Dieu d'Elie, Dieu de la veuve et de l'orphelin, à cause de la charité, Tu fis en sorte que la farine et l'huile ne manquassent jamais chez cette veuve ; fais de même pour nous et nos familles par l'intercession de ton serviteur le prophète Elie nous t'en supplions afin que ceux qui te craignent ne meurent point de famine et qu'ils aient toujours à manger pour ceux que tu les enverras. Amen

➢ Litanie de Saint Elie

Troisième jour :

Le fils unique de la veuve meurt ; la prière du prophète le rappelle à la vie. (Méditer 1Rois17 : 17 à 24)

On a coutume de dire, lorsqu'on naît, on est assez vieux pour mourir. Mais l'homme de nos jours, a trouvé mieux, l'enfant n'a plus besoin de naître pour grandir et mourir. On se débarrasse de lui à l'état embryonnaire. A cause de l'évolution des sciences, de la technologie et de la médecine, l'homme décide si l'enfant va naître ou pas, et de quel sexe il sera. L'ambition de l'homme aujourd'hui est d'égaler le Créateur en créant lui même la vie. Pour cela il se livre à des manipulations génétiques, à toutes sortes d'expériences sur des cellules souches et des embryons. Dans certaines nations l'avortement et l'homosexualité sont légalisés et dans d'autres les enfants sont soit soumis aux travaux forcés, soit enrobés de force dans l'armée. La plupart de temps, tous étant des pauvres, des abandonnés ou des orphelins. Certaines personnes trouvent que la planète est surpeuplée et il faut tout faire pour protéger les ressources, mais en faisant tout pour ne pas améliorer les conditions de vie des hommes, c'est ainsi que les maladies comme la malaria dont on connaît pourtant le vaccin et bien d'autres continuent à tuer des millions d'enfants dans la seule partie du tiers monde. A cause de cela, Dieu est en colère contre ces nations et Il déchaînera contre elles les éléments de la nature pour frapper des hommes, des maisons et des villes.

O Eternel Dieu d'Elie, Tu es vivant et Tu es le Dieu des vivants. Par ta miséricorde, nous te prions d'avoir pitié des enfants qui meurent tous les jours par milliers dans l'humanité à cause de l'irresponsabilité des hommes et des personnes sans scrupules qui ne pensent qu'à leurs intérêts. Souviens-toi d'eux et reçois-les dans ton royaume. Pour tous ceux qui manquent la santé de l'âme et du corps (citez leurs noms) nous te supplions avec la même confiance qu'a eue le prophète en Toi et sûr de ton amour pour nous, de les redonner instantanément la santé du corps et de l'âme, par l'intercession de ce même prophète Elie le Tichbite amen.

➢   Litanie de Saint Elie

Quatrième jour :

Elie reçoit de l'Eternel l'ordre de se présenter devant Achab. Il s'ensuit la scène du Carmel. Les prêtres païens essayent de prouver la divinité de Baal mais en vain. Elie rassemble le peuple autour d'un ancien autel que de pieux Israélites du Nord avaient sans doute élevé à l'Eternel, car, à cause de la défection des 10 tribus, ils ne pouvaient pas aller à Jérusalem. Cet autel avait été renversé. Elie, en le rétablissant avec 12 pierres, atteste silencieusement que le schisme des 12 tribus en 2 royaumes est contraire à la volonté de Dieu. Pour empêcher toute fraude, il ordonne au peuple de verser de l'eau sur l'holocauste et sur l'autel. Puis il implore l'Eternel, et le feu tombe, consumant l'holocauste et l'autel. L'Eternel a manifesté ainsi son existence et sa puissance. Les prophètes de Baal, convaincus d'imposture, sont amenés au torrent de Qichôn, au pied de la montagne ; Elie ordonne de tous les égorger. (Méditer 1Rois18 : 15 à 40)

    Humanité que cherches-tu ? Tes dieux sont aussi nombreux que tes fils et tes religions que tes abris. Par tes ancêtres tu as tourné le dos à ton Créateur, aujourd'hui, tu dis qu'il n'existe pas et tu vas à d'autres dieux que Lui. Il t'avait envoyé ses prophètes et tu les as mis à mort. Il t'a envoyé son Fils unique, tu ne l'as point reçu et tu l'as mis à mort. Tu as choisis d'accueillir chez toi les faux dieux et les faux prophètes que t'envois l'ennemi du Dieu vivant.

    Tu t'es détourné du Chemin pour suivre l'adversaire, le tentateur ;   Tu t'es détourné de la

Vérité pour écouter, le présomptueux, l'avide, l'orgueilleux ; Tu t'es détourné de la vie pour embrasser la mort, l'accusateur, le blasphémateur ; Tu t'es détourné de celui qui es fidèle pour recevoir l'infidèle, la bête, le faux prophète.

Aujourd'hui, pour la plupart de tes fils, les mots : **S**acrilège, **A**théisme, **T**urpitude, **A**ncharité et **N**égation sont devenus les mots qui constituent leur devise ; c'est à dire le nom de celui en qui ils croient vraiment (SATAN). Les religions se multiplient au milieu de toi, vous divisant faisant de vous plusieurs troupeaux, la Parole de Dieu est détournée et mal enseignée, les charlatans, les marabouts, les médiums, les faux prêtres et les faux prophètes prospèrent au milieu de vous, d'autres se prenant pour le Seigneur et Sauveur. Vous les acclamer, les vénérer, vous vous faites la guerre au nom de Dieu et vous versez le sang des innocents pour servir vos intérêts et nom celui du Divin. Voici que l'Eternel Dieu Créateur, fera des grands signes au milieu de vous pour que vous revenez à lui, et si vous ne le faites pas, le Dieu de Moise et d'Elie vous frappera par le feu, pour que vous comprenez qu'Il est le Dieu vivant et qu'il n'y a point d'autres.

O Eternel Dieu d'Elie, Tu es vivant et il n'y a point d'autres dieux devant Ta face. Je te prie de te souvenir aujourd'hui du sacrifice de ton Divin Fils notre Seigneur et Sauveur et sort l'humanité d'aujourd'hui de l'aveuglement spirituel, de l'emprise des faux prophètes, des fausses religions, et des fausses doctrines. Nous te prions de donner en rançon pour nos âmes le Précieux Sang de Ton Divin Fils pour que nous soyons libérés des sectes exotériques et pernicieuses, des associations diaboliques, des esprits impurs et mauvais, des totems et des fausses pratiques. Délègue enfin O Dieu le prophète Elie combattre et anéantir tous les faux prophètes et tes ennemis au milieu de ton peuple comme il l'a fait pour les prophètes de baal. Nous te le demandons en suppliant par l'intercession du même prophète ton serviteur Elie le Tichbite. Amen

➤ Litanie de Saint Elie

Cinquième jour :

Le peuple a reconnu que l'Eternel est Dieu et a obéi au commandement de son prophète. Les nuages se rassemblent, annonçant la pluie et le retour de la faveur divine. Le prophète, pour honorer le souverain

du peuple élu de Dieu, ceint ses reins et court devant le char d'Achab jusqu'à la porte de Jizreel. (Méditer 1 Rois 18 : 41 à 46)

L'homme qui plait au Seigneur Dieu de l'Univers c'est celui-là qui se reconnaît pécheur, par conséquent prend donc la décision de ne plus vivre loin du Dieu vivant, et de revenir à lui. C'est celui là qui a la crainte de Dieu et qui garde ses commandements. A un tel homme il donne Sa lumière, Sa faveur et Son Esprit repose sur lui. Oui l'Eternel est un Dieu Miséricordieux, Il frappe à ton cœur tous les jours pour que tu le laisses entrer et qu'Il soit le maitre de ta vie. Il est également un Dieu jaloux et ne veut te partager avec personne. Oui notre Dieu nous aime et Son amour est fidèle. Tout comme l'enfant prodigue tu reviens à lui aujourd'hui, le reconnaissant comme Dieu, en prime Il te donne son Fils unique comme frère. Et si tu l'acceptes, Il t'appellera fils. Quelle joie de devenir fils de Dieu ? Homme, ne te laisse plus jamais séparer de Dieu et ainsi, tu ne manqueras jamais de rien car l'Eternel désormais demeure avec toi, et si tu as Dieu pour toi, qui peut donc être contre toi ?

O Eternel Dieu d'Elie, contre toi j'ai péché et je me suis éloigné de ta face, mais aujourd'hui je désire de tout mon cœur, de toute mon âme et de tout mon esprit revenir à toi. Loin de toi j'étais mort mais ton amour pour moi m'a ramené à la vie. J'étais perdu et tu m'as retrouvé, j'étais malade et tu m'as guéri, j'étais possédé, et tu m'as délivré, j'étais désespéré et tu m'as redonné l'espoir. Maintenant O Dieu accepte mon pardon et fais de moi un homme nouveau et garde-moi dans ton amour et dans ta faveur. Bénis moi pour que je ne manque plus jamais de l'essentiel dans ma vie. Je te le demande par l'intercession de ton serviteur Elie le Tichbite amen. Béni soit le Dieu D'Elie, béni soit ses serviteurs.
➢ Litanie de Saint Elie

Sixième jour :

Jézabel, furieuse de la mort de ses prophètes, jure la mort d'Elie, qui s'enfuit à la montagne d'Horeb. Comme Moïse, il est divinement soutenu pendant 40 jours et 40 nuits. (Méditer 1Rois19 : 1 à 8)

La lumière est venue dans le monde et le monde ne l'a point connue. Mais cependant, le monde persécute et met à mort ceux qui l'ont reçue. O Dieu à cause de ma lumière, je suis combattu, je suis persécuté, je ne prospère pas dans mes activités. On m'enlève même le peu que j'ai. Des jours comme de nuits, je ne dors pas, l'ennemi me guette, il veut ma mort. A cause de ton nom, je ne trouve de paix nulle part, tes ennemis ont juré ma perte. Où trouver la paix et la sécurité dans ce monde malade et plein de ténèbres ? Je prends la fuite et ils me rattrapent, je me cache et ils finissent par me retrouver. Je n'en peux plus, vivre est devenu impossible pour moi et j'ai envi de mourir pensant que c'est le seul moyen d'avoir la paix. Mais avant je crie vers toi une Nième fois comme Elie l'a fait avant moi *« **Seigneur c'est trop prends ma vie ! Je ne suis pas meilleur que mes ancêtres.».*** Voici que tu ne me laisses pas tombé, mon cri est monté jusqu'à toi. Oui celui qui a la crainte de Dieu n'est jamais seul et tu envoies ton ange voler à son secours. Tu as vu O Dieu ma souffrance, tu t'es souvenu de moi et maintenant tu me nourris de ta propre main, tu me fortifies, tu me conduis en sécurité vers le lieu où tu m'attends. Oui Seigneur j'ai cru en toi et tu ne m'as point abandonné, et quelque soit la durée de la traversée du désert ton ange veille sur moi.

O Eternel Dieu d'Elie et de Moise, Tu es fidèle à ceux qui te font confiance. Tu as fait à l'époque traverser le désert à Moise, où il a marché 40 jours et 40 nuits, mais c'était pour venir à ta rencontre. Tu as fais marcher Elie pendant 40 jours et 40 nuits dans le désert, mais c'était pour venir à ta rencontre. Tu as fait passer au messie, ton Fils unique 40 jours et 40 nuits dans le désert sans boire, ni manger. Aujourd'hui c'est mon tour, et c'est maintenant que je réalise que c'est pour mon bien, car au sortir de ce désert, je serai purifié et prêt à te rencontrer. Car la rencontre avec toi sur la terre est un privilège réservé qu'à tes grands élus. Seigneur Dieu d'Elie et de Moise, donnes à tous les hommes de comprendre qu'il faut que ton Esprit les guide dans le désert pour qu'ils soient éprouvés et purifiés, ce qui les conduira devant ta face. Cependant O Dieu, pour que je puisse arriver là où tu m'attends, laisses ton ange me fortifier, et veiller sur moi comme ce fut le cas de Moise, d'Elie et de Ton Fils bien aimé. Nous te le demandons par l'intercession du prophète Elie le Tichbite. Amen

➢ Litanie de Saint Elie

Septième jour :

Avec un déploiement extraordinaire de puissance et de douceur, Elie est blâmé puis rappelé à son devoir. Dieu lui ordonne d'oindre Hazaël roi de Syrie, et Jéhu roi d'Israël, pour qu'ils châtient l'idolâtrie d'Israël. Elie doit aussi oindre Elisée prophète à sa place, pour annoncer le jugement. Elie jette son manteau sur Elisée, lui adresse vocation et le charge d'exécuter le reste de sa mission. (Méditer 1Rois19 : 9 à 21)

Le plus souvent dans la vie des hommes, tout passe avant Dieu, on se souvient de lui quand on est en difficulté et on se surprend entrain de prononcer son nom. Pour certains, le nom de Dieu est évoqué pour être blasphémé, pour d'autres pour être prononcé en vain. Nous passons, nous qui nous réclamons de Dieu, le clair de notre temps à Le chercher là où Il n'est pas. Dans les édifices de pierres et de bois, mais il n'y est pas ; dans des sectes et des religions, il n'y est pas ; dans des statuettes et des représentations quelconques, mais il n'y est pas ; dans la politique et la richesse, mais il n'y est pas ; dans le fanatisme, la haine et la guerre, mais il n'y est pas ; chez les marabouts, dans les pratiques et dans les ténèbres, mais il n'y est toujours pas. Il est là où il y a la paix, la douceur, l'amour. Il est dans le Saint Sacrement de l'autel, Il est en ton prochain et dans ton cœur, et Il te parle dans la douceur. Il te donne ses commandements, tu ne les observes pas. Il te montre le chemin, et tu ne le suis pas. Il te rappelle à l'ordre et toi tu t'en fous, tu ne fais qu'à ta tête. Il te donne le pouvoir pour servir, mais ton orgueil t'a rendu superbe et tu te sers toi même. A cause de cela, l'Eternel vient t'enlever ta charge pour donner à quelqu'un d'autre ; qu'il prenne ta charge et qu'il accomplisse la volonté de Dieu. N'échapperont que ceux qui ont la crainte de Dieu et qui sont restés dans sa présence.

O Eternel Dieu d'Elie, tu viens à la rencontre de ceux qui te cherchent en vérité et en esprit. Le pouvoir et l'autorité viennent de Toi et Tu n'as pas changé. Tu demeures le même hier et aujourd'hui. Oins-moi donc avec ton huile sacrée et confies moi un manteau pour que je fasse ta mission et ta volonté partout où tu voudras. Confie-moi une charge, pour que je puisse te servir conformément à ta volonté là où tu m'établiras. Quelque soit ma croix, donne moi de la porter sans me plaindre car c'est parce que tu savais que j'étais capable que tu me l'as confiée depuis la création du

monde. Que Ta main droite mon Seigneur me soutienne toujours dans mes soucis du quotidien pour que, quand viendra la fin, je reçoive le trophée du vainqueur. Je te le demand par l'intercession de ton serviteur et prophète Elie. Amen
➢ Litanie de Saint Elie

Huitième jour :

Jézabel avait fait mourir Naboth par l'entremise des magistrats, afin d'obtenir sa vigne pour Achab. Elie se rendit sur le terrain convoité pour y rencontrer le roi et lui prédire le châtiment de l'Eternel. La mort d'Achab, dans la bataille de Ramoth en Galaad, fut le début du jugement prononcé par Elie contre la maison royale. Ahazia, fils et successeur d'Achab, se blessa en tombant d'une fenêtre ; il envoya des messagers consulter Baal-Zebub, idole d'Ekron, afin de savoir s'il guérirait. Elie arrêta les messagers et les renvoya. Il fit descendre 2 fois le feu du ciel, qui consuma 2 chefs commandant chacun 50 hommes et chargés par le roi de s'emparer d'Elie. Le 3 e chef qui se présenta devant le prophète le supplia de l'épargner ; Elie alla avec lui auprès d'Ahazia. (Méditer 1Rois21 : 5 à 25 et 2Rois1 : 2 à 17)

Un peuple sans révélations est un peuple sans frein. Humanité, es-tu un peuple sans révélations ? Non car Dieu te parle, encore plus aujourd'hui que hier, mais tu n'écoutes pas. Il a mis au milieu de toi ses prophètes, et ses serviteurs mais tu n'écoutes pas, Il a donné à tes jeunes gens des visions et à tes vieillards des songes, mais tu n'écoutes toujours pas. Tu as sa parole, mais tu lis sans comprendre, tu écoutes sans entendre. Tu vas jusqu'à déclarer que Dieu est mort dans son Eglise et tu vas voir ailleurs où on te promet les miracles et on te dit ce que tu veux entendre, alors que c'est ta foi qui est morte. Voici que le Dieu vivant t'interpelle tout le temps et tu ne changes pas. Le mépris de Dieu, de son Eglise, de ses serviteurs déborde la coupe et le feu descendra de nouveau du ciel pour te consumer dans ton orgueil et ta fierté. Les humbles et les miséricordieux y échapperont.

O Eternel Dieu d'Elie, tu n'hésites pas de laisser ta puissance venir en aide à ceux qui ont mis leur confiance en toi, ceci par amour pour eux et pour ta gloire. Donnes encore aujourd'hui à tes serviteurs la capacité de faire descendre du ciel, le feu purificateur, le feu de guérison, le feu de délivrance, le feu de protection, le feu d'amour, le feu de la justice, le feu d'Uriel archange, le feu de Moise et le feu d'Elie ; Parce que Seigneur tu n'as pas changé, tu es resté le même hier et aujourd'hui et tu seras encore le même demain. C'est l'homme qui a changé. Ainsi donc Seigneur, les âmes pourront revenir à toi rassurées. Et ce qui est juste et bien pourra perdurer. Que ton feu Eternel nous anime, qu'il consume en nous tout mal et qu'il nous protège des fléaux d'aujourd'hui et de demain. Nous te le demandons en suppliant par l'intercession d'Elie le prophète. Amen

➢ Litanie de Saint Elie

Neuvième jour :

Le prophète eut finalement l'honneur, octroyé auparavant au seul Hénock (Gen 5.24) d'être enlevé au ciel sans passer par la mort. Un char et des chevaux de feu apparurent à Elie, qui était allé à l'Est du Jourdain avec son serviteur Elisée. Ce prodige les sépara, et Elie monta au ciel dans un tourbillon. (Méditer 2Rois2 : 1 à 15)

Jusqu'à ce jour, seuls Hénok, Elie et Jésus ont été enlevé au ciel corps âmes et esprits. Elie par un char de feu tiré par des chevaux de feu dans une tornade. De Même nous savons qu'Elie reviendra ; Mal 4 :5,6 « *Voici, je vous enverrai Élie, le prophète, Avant que le jour de l'Éternel arrive, Ce jour grand et redoutable. Il ramènera le coeur des pères à leurs enfants, Et le coeur des enfants à leurs pères, De peur que je ne vienne frapper le pays d'interdit* » Jean-Baptiste est venu "avec l'Esprit et la puissance d'Elie", humble et zélé comme le Tichbite ; mais il n'était pas Elie (Jean1 : 21). Elisée a revêtu une double portion de l'esprit d'Elie, mais il n'était que son serviteur. Elie reviendra probablement comme il était parti, ainsi qu'Hénock avant le deuxième avènement du Seigneur pour lui préparer un peuple bien disposé et pour de nouveau prouver que Dieu est Dieu. Il semble donc bien qu'il y a, comme c'est souvent le cas, deux accomplissements successifs de la prophétie de Mal 4 :5,6 ; l'un partiel, à la première venue du Christ (Mt 17 :10,12); l'autre, total, à sa deuxième venue. Le "rétablissement de toutes choses" c'est l'instauration du règne glorieux du Messie. Ac 3.20-21. Elie pourrait être (avec Hénock) l'un des 2 témoins d'Ap. 11.3-11. Sur la montagne de la Transfiguration, Elie, le prophète apparaît pour honorer Jésus. Son ascension et celle d'Hénock préfigurent sans doute l'ascension du Seigneur ressuscité. Les miracles marquant le ministère d'Elie appartiennent à la seconde des 4 périodes de miracles que présente l'histoire de la rédemption. Cette 2e période est celle de la lutte à outrance entre la religion de l'Eternel et le culte de Baal. Le maintien de la foi des pères ou l'apostasie était l'enjeu de cette bataille qui se déroula dans l'Israël du Nord.

O Eternel Dieu d'Elie, Tu as investi ton serviteur et prophète Elie d'une grande puissance, et Tu as permis à Elisée de revêtir une double portion de son esprit de prophète, et à Jean Baptiste de venir avec son esprit et sa puissance. Tu lui as donné non seulement le pouvoir de prophétiser en ton nom, mais aussi Tu l'as utilisé pour multiplier la farine et l'huile, de ressusciter les morts, et de faire descendre le feu du ciel. Tu le feras revenir encore avec un pouvoir plus grand pour ton nom, pour ta gloire, pour ton règne. Maintenant Seigneur Dieu d'Israël, Dieu d'Elie, à l'exemple du prophète Elisée, et par l'intercession du prophète Elie, donnes moi une double portion du

pouvoir et de la puissance d'Elie, pour que je sois l'Elie de nos jours et que j'œuvre de toute mes forces à l'instauration du règne glorieux du Messie. Amen
➢ Litanie de Saint Elie

LITANIE DE SAINT ELIE « *LE TICHBITE* »

ELIE était un homme de même nature que moi et il a dit : « *Si je suis de DIEU, que le feu descende du ciel et le FEU et est descendu* ».
Seigneur ouvre ma bouche et ma langue publiera ta louange.

Seigneur Dieu le Père….Aie pitié de nous.
Seigneur Dieu le Fils…
Seigneur Dieu le Saint Esprit…
Père Eternel….
Eternel des Armées…
Jésus Christ………………….Ecoute nous.
Jésus Christ……………….Exauce nous.
Fils, rédempteur du monde qui es Dieu…………………..Aie pitié de nous.
Saint Esprit…
Esprit du Père et du Fils qui es Dieu…

Trinité Sainte qui es un Seul Dieu......................Aie pitié de nous.

Seigneur Dieu !

Par l'envoi de l'Esprit Saint......Sauves-moi Seigneur.

Par le Sang Précieux de Jésus Christ…

Par le nom puissant de Jésus…

Par L'Agneau immolé…

Par ta Parole…

Par la mort et la résurrection de Jésus…

Par ta grande Miséricorde…

Par ton Feu …

Sainte Marie, ……………Prie pour moi.
Sainte Mère de Dieu…
Saint Elie…

Elie qui revêtait un vêtement de poils de chameau avec une ceinture de cuir autour des reins…

Elie qui fut nourrit par les corbeaux en buvant l'eau du torrent…

Elie par qui Dieu fit que la farine et l'huile ne manquent chez la veuve…

Elie par qui la prière ramena à la vie le fils unique de la veuve…

Elie qui rassembla le peuple autour d'un ancien autel élevé à l'Eternel...

Elie qui a rétabli l'autel du Seigneur avec douze pierres...

Elie qui fit tomber le feu consumant l'holocauste et l'autel...

Elie qui prouva l'imposture des prophètes de Baal...

Elie qui fit égorger les 450 prophètes de Baal et les 400 prophètes d'Astarté...

Elie qui fit revenir la pluie et la faveur divine...

Elie qui ceignit ses reins et courut devant le roi jusqu'à la porte de Jizreel...

Elie qui s'enfuit au désert jusqu'à la montagne d'Horeb...

Elie qui pendant sa fuite est divinement soutenu pendant 40jours et 40nuits...

Elie qui oint Hazaël, roi de Syrie...

Elie qui oint Jéru, roi d'Israël...

Elie qui oint Elisée, prophète à sa place...

Elie qui jeta son manteau sur Elisée pour terminer sa mission à sa place ...

Elie qui par deux fois fit descendre le feu du ciel pour consumer deux chefs commandant chacun 50 hommes…

Elie qui épargna le troisième commandant et ses hommes qui le supplièrent …

Elie, maître d'Elisée le prophète…

Elie qui frappa l'eau du Jourdain avec son vêtement, le divisant en deux…

Elie qui monta au ciel par un char de feu tiré par des chevaux de feu…

Elie dont Elisée a revêtu la double portion de prophète…

Elie dont Jean Baptiste est venu avec sa puissance et son esprit…

Elie qui doit revenir pour le rétablissement de toute chose…

Eternel Dieu d'Elie !

Par l'intercession d'Elie…………… Délivres-moi Seigneur

Par les Puissances d'en Haut…

Par les neuf chœurs des anges…

Par Saint Michel Archange…

Par tes Archanges…

Par les Milices Célestes…

De tout péché…
De tout sang versé directement ou indirectement…
De la sorcellerie et de la captivité…
De la chair et du sang humain…
De l'idolâtrie et des faux dieux…
De tout blocage…
De tout mauvais esprit…
De toute possession diabolique…
De tout pacte satanique et diabolique…
De tout génie…
De tout totem…
De tout medium…
De tout envoûtement…
De toute secte satanique et exotérique…
De l'orgueil et de la jalousie…
De tout poison…
Des couches et des poisons de nuit…
Des maladies naturelles et surnaturelles…
Des maladies incurables pour l'homme…
Des maladies spirituelles…
Des ténèbres…
De l'aveuglement spirituel…
De toute peur…
De toute sorte d'infirmité…

De toute malédiction…
Du manque de succès et de réussite…
Du manque d'amour…
Du manque de confiance…
Du pouvoir des faux prophètes…
Du pouvoir de l'antichrist…

Agneau de Dieu qui enlève les péchés du monde …….Pardonne-nous Seigneur

Agneau de Dieu qui enlève les péchés du monde………Exauce-nous Seigneur

Agneau de Dieu qui enlève les péchés du monde…………Aie pitié de nous seigneur.

Prions : Seigneur Dieu, Tu es le même hier, aujourd'hui et éternellement, et Tu agis encore. Ecoute à cette heure la voix, de ton serviteur et prophète Elie dont nous venons de contempler les merveilles, du fait que Tu l'as enrichit, et qu'en l'invoquant ici-bas, nous méritions de l'avoir pour intercesseur dans le ciel. Au nom de Jésus-Christ notre Sauveur qui vit et règne avec Toi dans l'unité du Saint-Esprit, Dieu pour les siècles des siècles. Amen

Table des Matières

Dédicace..iv

Introduction..1

Décalogue du pèlerin 4

Chapitre 1: La prière 5

Chapitre 2: Le jeûne......................................11

Chapitre 3: Méditer et garder la Parole de Dieu......13

Chapitre 4: Prières et litanies..........................22

Chapitre 5: Triduum de prière puissant pour la libération et la délivrance....................53

Chapitre 6: Neuvaine de prière pour sa libération et guérison personnelle.................................59

Chapitre 7: Grande neuvaine de prière en l'honneur de Saint Elie pour ces temps.......................66

Oui, je veux morebooks!

I want morebooks!

Buy your books fast and straightforward online - at one of the world's fastest growing online book stores! Environmentally sound due to Print-on-Demand technologies.

Buy your books online at
www.get-morebooks.com

Achetez vos livres en ligne, vite et bien, sur l'une des librairies en ligne les plus performantes au monde!
En protégeant nos ressources et notre environnement grâce à l'impression à la demande.

La librairie en ligne pour acheter plus vite
www.morebooks.fr

OmniScriptum Marketing DEU GmbH
Heinrich-Böcking-Str. 6-8
D - 66121 Saarbrücken
Telefax: +49 681 93 81 567-9

info@omniscriptum.com
www.omniscriptum.com

www.ingramcontent.com/pod-product-compliance
Lightning Source LLC
Chambersburg PA
CBHW021812220426
43662CB00006B/291